가장 투명한 고백

가장 투명한 고백

| 박 명 숙 시집 |

도서출판 천우

시인의 말

가을입니다.
하루라면 저녁때이고
일주일이면 금요일이고
일 년이면 10월입니다.

나이가 든다는 것이 나쁜 것만은 아닌데
이루어 놓은 것이 없어서 걱정입니다.

가을비는 저녁강을 적시는데
돌아갈 길을 잊습니다.

아직은 시를 생각합니다.

2025년 10월
박명숙

제1부

값비싼 마음

제2부

가을 나무에게

제3부

너를 등에 업고

제4부

할아버지와 소

제1부

값 비싼 마음

밤

바다는 물인데도
우단처럼 검고
하늘은 물이 아닌데도 검푸르다

바다는 아래에 깔려있으나
자꾸 밀어 올리는 듯 무겁고
하늘은
머리 위에 떠 있어도
깃털같이 가볍구나

바다는
사람들 저마다 꿈의 그림자를 붙잡고 매달려
밤마다 떨어져 내린
별들로 반짝이고

열꽃 딱쟁이 자국처럼
뻥 뻥 남은 하늘 웅덩이에
낚싯대를 드리우고
하세월 들여다보고 있는
검은 밤

달밤

어찌 잠이 오겠는가
서늘한 달빛이 청아하다

어쩌면 저 위의 세상도 여기와 같을지 몰라
아이들 여럿인 집은 함께 모여 깜빡거리기도 하고
따로 떨어져 서로 그리워하며
마주 보고 달그락달그락 밥 먹을 날을 기다리기도 하고

윗대부터 잘 이룬 집은 반가의 종택처럼
큰 기와집에 밝은 등불을 여럿 걸어 놓아
아주 빛나는 별빛
가세가 기운 어떤 집은
빈집에 불도 못 켜고 검은 하늘빛
기름 닳은 등잔에 심지를 돋우어도
겨우 껌뻑이는 별빛이 되었으리

북두칠성 일곱 남매도
그중 가운데 별이 유난히 흐려
아마도 더 아픈 손가락일 게다
궁색한 살림이 늘 희미한 등잔불처럼 가물거리다
오늘 같은 날

꽉 채워진 보름달이라도 지나는 날엔
등잔불은 꺼두고 나란히 엎디어
마루를 지나 안방 깊숙이 들어온 달빛을 흠씬 맞으리

잦아들지 마라
그대는 결코 혼자가 아니다
나 또한 잠들지 않고 눈빛을 보내리니

이런 달밤에는
누구인들
맑은 달물결에다
마음을 헹구지 않겠는가

기도

석 달 봄 가뭄에
말라 들어가는 영동천
땡볕에 누운 자갈들
맨살이 드러나 부끄러운 한낮

“곧 고기 줍겠는걸”

지나는 아저씨 한마디에
겁이 난 물고기들

밤새 얼마나 지성으로 빌었길래

다음 날
비가 내렸다

그냥

나는
글 쓴다는 사람이

평화로운 이 아기를 보고
아무 생각도
떠오르지 않았다

앉아서
자꾸
들여다보기만 했다

그런데 아기가
나를 보고
웃었다

나도 웃었다

그냥

값비싼 마음

IMF로 명예퇴직을 하자
손아래 동서가
“형님 걱정 마세요
우리가 있잖아요
열심히 벌어서 민이한테 보탤게요”

처음에 시집와서는
“형님은 애들도 많고 부모님은 제가 모실게요”

저도 살아내느라고
여즉 이루어진 건 없지만
나는 그 마음을 비싸게 사기로 했다

속으로는 투덜투덜
어쩔 수 없이
돈 기만원 건네주는 사이라면

주는 저나
받는 내나
서로 얼마나 딱할 것인가

다 싸 들고 어여 가

딸아이 산후조리하러
집으로 왔네
제 어미 손녀 안고 돌보는 사이
저는
책을 펴고 앉아서

엄마
이럴 땐 이리 해야 한다네

엄마가 너를 이렇게 키웠는데

또 책을 보고
엄마
그럴 땐 이렇게 했어야지~!

엄마는 네 동생도 이렇게 키웠는 걸
그렇게 잘 알면
밥이 되든 죽이 되든
지가 알아서 할 일이지
왜 나한테 왔누

다 싸 들고 어여 가

여우가 못 딴 머루

스마트폰으로
누가 보내 준
영화 미션의 배경인
이구아수폭포 영상을 보았다
가브리엘의 오보에
넬라 판타지아도 함께 나왔다

아침에 보고
또 보고
저녁때 듣고
또 듣고

아 —
나는 저기 안 가기를
정말 잘했다

만약에 내가 저 옆에 갔더라면
아마도 나는

저 웅장한 물폭탄과 함께
뛰어들고 말았을 것이다

굳은살

우리 아들 이리 와 봐
공부하느라 힘든데
엄마가 발 씻겨줄게

히힛 히힛
좋아서 그래요 엄마

당신도 이리 오세요
오늘 하루도 얼마나 고생했을까나
근데 당신은 왜 안 웃어요?
안 간지러워요?

살 맞대고 산 지 오래라
내 손 같아 그런가 봐

맞아요
그러네요
당신은
나의 굳은살이었어요

즐겁게 따라 하기

아내가
지난여름부터
신문을 잘 못 보겠다며
내가 옛날 엄마처럼 되는 것이 신기하다고 웃는다
팔을 앞으로 길게 늘여도
고개는 한껏 젖혀지고
급기야는
돋보기를 쓰고 콩을 가린다
새 안경을 맞추어 와서
잘 보인다고 마냥 좋아하는 모습이
꼭 딸아이 같다

정말로 신기한 것은

작은 글씨를 못 보아서
어머님처럼 되었다는 것이나
돋보기를 쓰면
너무도 잘 보인다는 것이 아니라

아내는
자기가 늙어가는 것을
기꺼이 즐거워하는 것처럼 보인다는 것이다

세상에서 가장 나쁜 말

고슴도치*하고 싸웠다
다시는 내가 먼저 말하나 봐라

이 나쁜 놈
똥 돼지 똥 털
똥구두

똥구두?
그래!! 똥구두!!

우하하하

이겼다
끝

* 고슴도치 : 남편.
사실은 먼저 웃는 사람이 이긴 것이다.

국어사전

사랑
아끼고 위하는 따뜻한 마음

또 다른 얼굴
집착
어떤 일에만 마음이 쏠려 떠나지 아니함

사랑하니까
매정하게 그럴 수도 없고
집착하니까
자꾸 상처만 생기잖아

왜 많은 사람들은
그 낱말을 놓지 못하는 걸까

어리석음도
따뜻한 마음이라고
책장을 넘길 때마다
묻어나는 온기

우리가 입에 담는
세상의 모든 말들이
일러주었네
그들도 사람과 함께
깊은 고뇌 속에 있다는 걸

칠판

그녀의 이름만은 쓰지 마세요

부끄럽잖아요

좋아해

사랑해

몇 번을 썼다가 지우더라도…

더 아픈 손가락

시오리 걸어서 학교 가는 길
헝겊 운동화
새벽이슬에 젖고
눈길에 얼고

꽁꽁 언 발가락이
몇 번이나 얼어 녹고 터지고
철 나서 보니 네 번째 발가락이
흉터로 남아 있었구나

발톱을 깎다 보면
오랜 세월 참 신기하기도 해라
성한 발가락 사이에서 기죽지 않고
조금씩 조금씩 못난 그 발톱이 자라고 있었던 걸

'너 없었으면 우리가 기울었을 게야
아무도 널 흉보지 않아'
다른 발가락들이 보듬는 게 분명하다
제 먹는 영양분을 나누어 먹이는 게 틀림없다

발톱을 깎을 때마다 한 번 더 만져보게 된다
더 아픈 손가락
성하지 못한 누이에게
어머니가 했던 것처럼…

사랑한다는 것은

어디에
그렇게 잘 살고 있겠거니
하고 살다가도

풍문에 한 점 소식이라도 들리면
잔잔한 연못에 풍덩~
묵직한 돌 하나 던진 거와 같아

한 사나흘은 출렁거리지

빛깔 고운 홍단풍 잎새 사이로
바람 한 줄기 휙—
지나간 거와 같아

한 계절은 흔들거리지

텅 빈 항아리 속같이
아무것도 보이지 않는 것에서도
사랑이란 언제고
굴참나무숲의 바람 소리를
끄집어내어
아파할 자리를 마음 한구석에 마련하는 것

다시 곱씹히는 슬픈 기억일지라도
어느 때에는
기쁨이 되기도 한다는 걸
알아채고
새기는 것

만추

나이가 든다는 것은
가히 나쁘지 않은 일이다
아무 곳에서나 모르는 게 나오지만 부끄러울 것이 없고
누구에게나 물어봐도 창피하지가 않다

어릴 때 시장에 따라가서
물건 값을 깎는 엄마 옆에서 몹시 부끄러웠던 적이 있다
그때의 엄마가 지금의 나 같았었나 보다
철 지난 옷을 입었다고
도시의 우동집에 가서 여기저기 두리번거린다고
아이들은 눈치를 주지만
웬걸
나는 아무렇지도 않다

나이가 든다는 것은
얼마나 자연스럽고 좋은 일인가
여지껏 걸어온 자리로
새로운 한 단계가
신선하게 다가오는 것이다
다시금

통일

진해에 벚꽃이 피었다
대구에도 피었다

추풍령 고개에도
대전에도
서울에도

북쪽 땅 어디에도
바람을 타고
복숭아꽃 살구꽃이 피었겠지?

꽃은
차차로
우리 땅을 적셔 오는데

남과 북
우리도
통일이 되면 좋겠네

음모

아들 방을 치우다
음모 하나를 보았네
굵고 튼실하여
그의 젊음을 말해 주었네

오줌 누러 나왔다가
불 켜진 방문을 열었던 날
젖혀진 이불 사이로 드러난
불빛에 반짝이던 아버지의 음모
포효하던 사자 한 마리 빛나는 갈기
숲을 보았네
눈이 부셨네

병석에 계신 아버지 소변을 받다
얼른 끌어다 덮으시는 홑이불 사이로 드러난
생성을 마친 음경
아버지의 30대
오십 대
여든두 살
한 사람이 생을 이루어
이제 돌아가려 하는 때

어떻게 살아왔고
무엇을 얼마나 이루었으며

다 내려놓고
조용히 잦아드는
우주의 뿌리를 보았네

늦깎이

꿈에서
아버지를 만났네
아버지~!
힘대로 꽉 껴안으니
아버지도 말없이 안아주셨네

이승에서
아버지와 딸로 살 때
철나고는 한 번도 안아 본 적 없던 아버지
돌아가시고 꿈속에서
연인처럼 안아 보았네

자다가 깨어나
통곡을 하네

아버지
보고 싶어

무논에 비친
평화로운 하늘같이
배코에 떨어지던 여름날 햇빛같이
아버지와 살아온
짱짱한 날들

아버지는
터널 밖 환한 빛 속으로
떠나신 지 오래인데
아직도
부스럭거리는
나는

항상 한 발짝 늦어

이름

언년이 뭉치 간난이
길녀이 뒷간이…
잘못된 이름을
새로 지어 올릴 수 있는 시대이다

나도
너무 흔한 내 이름을 바꾸고 싶었다
사람은 이름대로 산다기도 하던데
글월 문(文)자를 넣었으면 시를 더 잘 쓰지 않았을까
편안할 강(康)자로 했으면 사는 게 좀 수월했을까
집안의 돌림자를 따서 지었더라면
당당하게 가문의 빛이 되었으려나

하지만 이제 아니다
아버지가 주신
소중한 내 이름

부족한 우리에게 온 고마운 자식에게
튼튼하고 바르게 자라
세상 한 귀퉁이라도 환히 밝혀 주리라
기대 가득 안고
이름을 지어 주었듯

아버지 또한
미욱한 나를 자랑으로 여기시고
밝고 맑게 자라
작은 한 가지라도 점차 세상에 보탬이 되라고
두근거리는 가슴으로
내 이름을 지으셨으리

아버지는
이제
새로 태어날 손녀의 이름도
지으실 수가 없다

검버섯

딸기를 씻는데
푸른 꼭지 밑 빨간 볼에
하얀 꽃잎 하나
작은 나비같이 팔랑
따라왔다

잘 여문 딸기
이 한겨울에 떠나보내며
애달프다
손을 못 놓고
푸른 옷자락을 잡고
몰래 따라왔으리

아
우리 엄니도
여즉
내 인연의 끈을 놓지 못하였던가

내 얼굴 한쪽에
향기를 다 자아낸
모과의 반점 같은

검은 꽃잎

엄니의 흔적

제2부

가을 나무에게

3월 자목련

꽃눈이
잠을 자고 있어요
나무가 솜털 이불을
꼭꼭 덮어주어요

꽃눈이
똑똑 문을 두드려요
아직 춥다고
나무가 문을 열어주지 않아요

산 그늘이 외투를 다 벗었을 때쯤
나무가 문을 활짝 열었어요

와~눈부셔라
꽃눈이 웃으며 창밖을 내다보아요
봄바람에
얼굴이 발그레~해졌어요

산수유나무

산수유나무가 장난이 심하다
동그란 물방울을
톡! 톡! 튕긴다
사방으로 번지는 노란 물

나도 한때
장난치는 것처럼 세상을 본 적이 있었다
몇 번이던가
숱한 봄을 보내고 나서야
겨우 알았다

산수유꽃처럼
작은 꽃방울이 터지는
순간의 시간도
우리 삶에서는 결코
허투로 여겨서는 안 된다는 것을

아무도 개의치 않는 사이에
조금씩
조금씩
물들어
어느덧
산수유꽃 그늘에서
자기를 들여다 볼 때가 되어있더라는 것을

붓꽃

고향집 울에서 한 삽 떠 와
담 밑에 심었더니

감나무 그늘에 가려
온종일
손바닥만한 빛 한 줄기 억지로 쏘이고도
속을 숨기고 꽃을 피웠다

고개를 꼿꼿이 쳐들고
노란 양산을
대차게 펼쳐 들었다

일제 강점기
숨어서 우리글을 가르치던
야학당 선생님

멋진 신여성이다

개망초꽃

학교 옆 묵어 나는 공터에
햇빛 짱짱한데
황토 흙먼지 덮어쓰며
없는 듯 지내이다

"대한독립 만세~!!"
봇물 터지듯
우르르 몰려나온 백의민족

아우내 장터
민초들의 함성이
여즉
목이 메어
하얗다
하얗다
우리들의 색

무릇 하얀 것이란
다시 본래대로 돌아가기가
그리 쉬운 게 아니었다
이×들아!!

메밀밭에서

바람이
우~~
달려오다
풀썩
엎어지니

메밀꽃
화들짝
꽃밥을 다 쏟았다

꽃이불이다

시금치

시골 오일장 구경을 간 그를 따라온
푸른 옷의 그녀
허리에 두른 빨간 띠가
아랫녘에서 왔음을 일러주었네

오동통한 맨발에
다부진 얼굴
저 먼 남쪽 바닷가 노지에서
삼동을 견디어 온 그녀가

어찌하다 이 먼 곳까지 걸어왔는가

발갛게 언 그녀의 발을 보았을 때
나는 그만
골목 끝 집 바지런한 순이 같은
그녀를 데리고
물이 따뜻한 남쪽
그녀의 고향으로 떠나고 싶었네

감자

알이 굵은 감자 두 개를 굵어
전기밥솥에 넣었다

김이 오르고
밥 냄새가 빠져나올 때
코를 들이대고
함께 비벼 나오는
감자 냄새를 맡아본다

보리쌀 삶을 때 얹었다가
젓가락으로 쿡 찔러
늦은 저녁밥 먼저 꺼내 주었던
팍신팍신 구수한 그 감자 냄새

여름날 빗줄기 속에
감자 순 몰래 옆구리를 후벼 꺼내 온
아직 덜 여문 자주감자 몇 알은

없이 살던
살구나무골 남순이네
아웅다웅 긴 여름
해 어스름의
반딧불 같은 행복이었다

폭염

나한테 말 걸지 마
난 지금 화낼 준비가 되어 있어!!

내가 말했지?
지금 준비가 되어 있다고!!

실내 온도가 32도라니
이게 말이 돼?

* 학교에서 돌아온 아이가 현관을 들어서며.

옥수수

한방 가득
어린 자식들을 모아놓고
옛날얘기를 들려주네

곰실곰실 커 가는 새끼들로
방이 비좁을 때마다
앉은걸음으로 몸을 틀어
한 발씩 물러섰으리
동그마니 움츠려
귀퉁이로 몰렸으리

올망졸망 덜 여문 옥수수알 같은 우리들을
가운데다 눕히고
아버지는
늘 외풍이 센 바람벽에 붙어 주무셨다

행여 떨어질라
포대기로 꼭꼭 싸매고
아기를 등에 업고 먼 길을 가는 것 같은
옥수수를 보며

먼 옛날
우리들과
아버지의 형제들과
할아버지 할머니와
증조할아버지 할머니를 모시고 살던
30대 초반의 가장 아버지와
어머니 어깨의 짐을 생각한다

형은 외로운 자리네
아우가 잘 받쳐줘야 한다네

아버지는
가장 외로운
마른 옥수수 대궁이었다

살구꽃

엄마
화장하지 마세요

엄마 냄새가
하나도 안 나잖아요

그냥 있어도
이쁘기만 한데 뭘…

쑥갓꽃

이웃 할아버지
병원으로 가신 후
옆집을 넘어다보니

마당 한편 담벼락 밑에
노란 꽃밭이 생겼구나

주인이 못 돌본 허전한 텃밭
목마름의 꽃이다

고요한 전각 앳된 궁녀같이
심심한 꽃
님의 발길을 기다리다
목 늘이고 피어난
숨죽임의 꽃이다

쑥갓꽃은
안 보아도 좋았을
안타까운 꽃이었다

청산리 벽계수

제 별은
북두칠성의 국자 첫머리 별입니다
그가 선물했지요
살 사람이 워낙 많아서 비싸게 겨우 샀다고 합니다
제가 하늘을 잘 올려다보는 사람인데
별자리를 어려워하는지라
쉬운 걸로 골랐다고요

값비싼 별까지 사다 주곤
무슨 변명인지
은하수 속으로 숨었습니다
밤마다 별똥별이 웃들로 날아간 것처럼요

자기가 뭐
청산리 벽계수라도 되나요
말없이
은하수 따라 흘러 가구로…

염치

익어가는 수수가
양파망을 모자로 쓰고 있다

이웃 참새들이
왔다가 가고
왔다가 가고
보릿고개를 견디며
눈을 흘긴다

지나던 바람이
"그러게
한 입씩만 먹고 좀 남겨두지
아주 끝장을 내니까 그렇잖아
요즘 새들은
왜 그렇게 염치가 없니?"

가을나무에게

푸른 하늘 사이로
한 잎 두 잎
곱게도 물들었구나

숙제를 잘했다고
좋은 점수를 받은 게야

한여름 땡볕에
무던히도 고생 많았잖아

이제
다 내려놓고
좀 쉬렴

낙엽

꽃 피우고
열매 낳아 익혔으니
기력 다해 그냥 스러지는 줄 알겠지요

바람이 뒤척이면
아야야야
소리를 내는걸요

어머님
당신 아무 말 없이
누워계셔도
바스락바스락 아프다는 말
속으로 참고 계시다는 거
다 알아요

고맙구나 애야
미안하구나 애야
그 눈빛
다 읽어지는걸요

무꽃

구덩이에서 꺼낸 무 머리에
손가락 두 마디만큼 노오란 새순이 자라 있다
밑동을 잘라서 접시에 얹어 놓았더니
내 세상 만났다는 듯
쑥쑥 커 오른다

겨울 방안에 푸른 싹이라
모두 즐거워하였다
무꽃이 노오란 줄 알았는데
연보랏빛 레이스 같은 작은 꽃이 피어났다

발 디밀 땅도 없이
물만 조금씩 먹고
저 고운 꽃잎을 피워내다니

꼭 좋은 환경에서 자라야만
참 사람이 되는 건 아니듯
뿌리가 있어야 기쁨을 피우는 것만도 아니로구나

그래서
더욱 가치 있는 아름다움이다

들국화

가만히 보고 있으니
기분이 좋아져요

구석에 혼자 있어도
환한 빛을 내는구려

말 못 한 두근거림이
꽃으로 피었나 봐

황량한 가을 끝자락에 네가 장땡이다

숨어서 읽어 본
연애편지 같은 꽃

반영

물가에 서 있는 어린나무들

딛고 선 굳은 땅과 함께
물에 어린것이
마치 큰 나무가
누워 있는 것처럼 되었네

조롱조롱
어린 자식들을 매달고
힘에 겨워
구부정한 우리들 부모님처럼

모로 누운
그 애틋한 얼굴

홍옥

손녀가 아파 달려간 응급실
“열은 없네요”

“열은 여기 있네요”
손가락으로 내 볼을 가리키니
간호사가
풋—웃는다

손녀가 물끄러미 바라보며
“할머니. 부끄러워서 그래?
얼굴이 사과처럼 빨갛게 되었네”

“그래
할머니는
잘 익은 사과란다”

손녀가
홍홍홍
발갛게 웃었다

2014 모란

내 몸 깊은 곳에
곱디고운 모란 있었네

소중한 씨앗 하나 품어
열일곱에 꽃 피웠을 때
우리 할머니
작은 시루에 붉은 팥시루떡 안치셨지

달마다
아름다운 욕망
붉게 타올라
열매로 퍼트려 놓고

누군가 말했어
폐경이 아니라
완경이라고

꽃신 한 짝 떨어뜨리고
너 떠난 후

마당 한켠에 서서
홀로
내가 피었다

제3부

너를 등에 업고

멸치 사랑

멸치 한 포를 쏟아 놓고
마주 앉아
머리 떼고 똥 가르고

아이구 허리야~
이거 언제 다하지?

여보 사랑해~

조금만 더 사랑해
여보
응?

삼식이

내가 집에 없을 때

냉장고에 있었다고
씻지도 않은 상추를 그냥 먹었단다
거참
눈으로 보면 모르겠냐?

그래도
아들이 그랬다는 거보다는
백번 낫다

정도의 차이

동창회 다녀온 그녀가
자려다 말고

참!
낮에 점심은 어쨌어요?

앗따~!
일찍도 물어보네
먹긴 먹었는데~

가만있자

뭘 먹었더라?

그림자

누군가 앞서가네
따라가며 말을 걸어보니
손을 똑같이 흔드는 게
저도 나를 아는 게야

몸에서 먼 곳
발끝만 겨우 닿아 있어도
서로 갈 길을 알아

오랫동안 같은 길을 가며
얼굴 붉히지 않고
내 맘 같기가 그리 쉬운가

살다가
구겨져 주저앉았을 때
눌려있던 나를 당겨 펴 주었던
그대가
감추고 있는 것이
나의 허물이려니

그대와 나
서로 기대어 버팀이 된 나무

언제나 우리는
같은 자리로 돌아와 있었다

저녁

바람 따라 해가 돌아가
창문을 내리고
새들이 이부자리를 고를 때

그대는
된장 한 가지로 밥그릇을 비우고
나를 보고 웃네
전기 매트 위로 곤하게 올라오는 오늘 하루
등 따순 그 하나로
우리는 마음을 풀지

나는
저 사람이 기울어지지 않도록
한 귀퉁이를 잘 받쳐주고 있는가?
내 생각만 하고 자꾸 기대어
떠밀기만 하는 건 아닐까...

세상살이가 흔히 그렇더라
미처 생각하지 못한 것이
문득 다시 보이는 것

늦은 설거지를 다 마칠 즈음이 되어서야…

너를 등에 업고

언제 무엇을 물어도
주저하지 않고
사람살이 온갖 일을 모르는 게 없지만
잘난 척도 안 하면서
기꺼이 다정하다

아
세상 어디에서도
왜 그대 같은 준수함을 만나지 못했던가
이제라도 발을 맞대고
긴 밤을 궁리해 보고 싶다

차근차근 다시 준비하여
완벽 유전자 입력
메슥거리지 않는 입덧과
후회 없는 태교

약속을 잘 지키는 그대
컴퓨터여
그대를 등에 업고
내 인생
보란 듯이 한번

Enter!!

비익조*

우리에게 전생이 있었다면

아마도
난 여자가 아니었을 것이다
석수쟁이거나 목공이거나
돌담을 쌓거나 아궁이를 수리하거나
나무 의자를 만들었을 것이다

아마도 그는
내가 집터를 다져 구들을 놓을 때
모퉁이에 숨어서 지켜보던
복사꽃 같은
주인집의 아가씨였을 것이다

차마 말 못 하고
이승까지 따라와
이제야 나를 보듬으며
사랑한다고 말했을 것이다

나의 한쪽 눈과
한쪽 날개가 되었을 것이다

* 비익조 : 암수가 각각 눈과 날개가 하나여서 늘 한 쌍이 되어 난다는 전설상의 새.

박 선생

당신은
추위에 떨며 병아리를 품고 있는
어미 닭의 날갯죽지 같은 사람

가녀린 풀잎같이 여린 몸으로 가솔을 이끄는
강단 있는 사람

그 어려운 삶 속에서
콩 한 쪽이라도 나눌 줄 아는
따스한 사람

애초에
아리고 힘든 일들
혼자 다 감당해도 될
큰 그릇이었겠지만

당신을 한번
꼬옥
안아주고 싶습니다

국가대표

형이 돈 벌었다고
아빠 속옷을 사 왔다

빨간색 하나
파란색 하나
팬티 두 장

흐엉~
우리 아빠
국가대표다

뒷북

철 안 든 아이를 보며

부모님 슬하에서
철없던 나를
생각합니다

살다가

아무리 하고 싶어도
이제 더는 할 수 없는 것이

우리에게
있습니다

모두 다 거지

엄마 그 옷 좀 입지 마
얼마나 허름한 줄이나 알아?
버릴 건 좀 버리고 살아

이 옷이 어때서?
좀 낡기는 했어도 구멍 난 것도 아니고
작아진 것도 아닌데
이 옷도 반짝거리던 새 시절이 있었어

허름하다고 촌스럽다고 다 버리면
세상에 부자 된 사람 하나도 없겠다
우리 모두
다 거지됐어 이것아!!

아들에게

좋은 말이 생각났다

너
엄마에게서 벗어나고자 무지 애쓰지만
금방 또 다른 여인에게 매이리라

어때?
콕 찔리지?

신용카드

오래전에 딸이 신용카드 한 장을 주었다
제 딸 돌보며 드는 비용을 해결하라고 준 거 같은데
손녀와 병원에 가거나
가게에 함께 가서 아이스크림이나 먹을 걸 사도 기천원이니
카드를 쓰기도 그렇고

그래도 어쩌다 한 번씩
장을 볼 때 그 카드를 슬쩍 쓰고는
'내가 네 카드 긁었지롱~'
카톡을 보내면
'알어~ 쓰라고 준 건데 왜 그렇게 안 쓰는겨?'

언제라도 쓰라는 신용카드 한 장을 얻어 가지고 있다는 건
내가 마음대로 쓸 수 있는 포인트를
수두룩 빽빽하게 모아둔 거나 마찬가지 아닌가
쌀독에 하얀 쌀이 수북하고
보일러 기름통에도 기름을 가득 채우고
두루마리 화장지 몇 꾸러미와
세제와 샴푸 치약 등이 쟁여있는 것과
모처럼 해갈이를 안 한 감나무에
주홍빛 감이
가지가 처지게 달린 거나 다름없지 않은가

그러나 나는
그 카드를 함부로 쓰지는 못 하겠다

제 아이 눈물 떼어놓고 일해서 번
안타까운 품삯이 아니던가

* 가을이면 사돈댁에서는 호두, 밤, 사과, 쌀, 김장김치까지 아주 한 살림 보내주신다. 어린이집 다니는 외손녀를 아침 저녁시간에 돌보는 것뿐인데 우리가 어린 원이에게 자꾸 빚을 진다. 어린 손녀의 신용카드를 마구 긁는 거와 같다.

고자질

단체로 벌을 주시고
다음날 아이들 한 명 한 명에게
장미꽃 한 송이를 주시며 다독이신
민이 선생님

조별로 여섯 명씩
자취방으로 데려가
떡볶이를 해주시려다 잘 안되어
짜장면을 시켜주신 총각 선생님

한 사람 한 사람 1분씩
하고 싶은 말을 해보라며
강당에 세워
자신감을 키워주신 선생님

3학년 민이가 복도 많지요

옛 시절에는
가슴으로 낳은 우리 아이에게
네 엄마 친엄마니?
물으셨던 선생님

아이의 작은 잘못에
너 같은 건 귀싸대기를 맞아야 해
교단에 세워놓고 면박을 주셨던 선생님

자초지종 묻지도 않고
8살 여자아이의 뺨을 열대도 넘게 때린
그런 선생님도 있었는데…

선생님
우리 엄마가요
지금까지 본 선생님 중에
우리 선생님이 제일
선생님 같은 선생님이시래요

봄날

딸 신혼집에 모처럼 갔네
한 동네 산다기로 선걸음에 가냐며
입 비죽 내민 딸 뒤로하고 나오는데
늦을 거라던 사위 차가
주차장으로 내려가네

아내가 기다리는 보금자리라고
서둘러 돌아오는 거려니

스치는 차창 너머 사위 얼굴을 보니
가슴 저 깊은 곳에서
뭉클 솟아나는 든든함

마음만 앞세워 서툴기만 하던 딸이
누군가 믿고 찾아드는 따스한 품이 되었다는 것
그 딸이 기대고 의지할 믿음직한 울타리
사위가 있다는 것

겨우내 언 눈이
단번에 녹아내렸나
갑자기 주변이 따스해졌네

환한 봄날이네

밥 먹는 법

일 학년 문제집 풀기 숙제

다음 중 밥은 어떻게 먹어야 하는지
네가지 중에서 고르시오. 답(3번)

1. 감사한 마음으로 꼭꼭 씹어 먹는다
2. 왔다 갔다 하며 텔레비전을 보며 먹는다
3. 귀찮은 마음으로 할 수 없이 먹는다
4. 다른 음식을 먹겠다고 떼를 쓴다

* 먹성이 좋지 않던 민이는 스스로 밥상에 달려들어 본 적이 없다. 무엇이든 입으로 가져가는 게 아기들인데 자기 주먹조차도 빨지 않았었다. 2025년 청년이 된 민이는 무엇이든 없어서 못 먹는다.

제사

시월 열닷새 날 시조모님 기일에
아이들 학교 보내고 부리나케 내려가니
당신께 큰제사라 명절 장처럼 봐다 놓으시고
어머님은 속앓이 일어나 링거 달고 누우셨네

배추 파 미나리 부추 다듬어 씻어
밀가루 개어 전 부치고
동태포 오색전 우엉 삶아 구워놓고
숙주 삶고 시금치 데쳐놓고
들기름 발라 김 굽고 미역 갈구고 산적하고
아버님 밥상 들여가고
어머님 미음 끓여 들어가고
하나에서 열까지 혼자서 다 하려니
오늘같이 손이 귀할까
보다 못한 아버님께서 콩나물을 다듬으셨다

평생 하시던 제사에
시원치 않은 며느리 혼자 손에 맡겨 놓고
저리 누워계실 분 아니신데
얼마나 애가 타실까?
우리 어머님 오늘
맏며느리 단단히 한번 가르치시는구나

돼지고기 삶고 닭 찌고 건어물 불려 찌고
콩나물 무나물에 고사리 도라지 볶아놓고
밥 안쳐놓고 탕국 끓이고 조기 굽고
달걀 삶고 과일 씻어 들여놓고
떡 찾아와 제사를 모시니
혼백으로 오신 할머님께서
우리 손주며느리 기특하다 하실까?

온종일 허리가 안 펴지게 일했는데
큰 일을 이룬 듯 마음이 뿌듯하다

* 그런데 우리 어머님 나중에 할머님께 혼나실 것 같다.

별 헤는 밤

엄마 칠순이라고
딸들이 마련한 자리

아내이고 장모님이고
형님이고 시누이고
이름이 여럿인 내가
어찌저찌
일흔 해나 살아 축하한다고

케이크 촛불을 쑥스럽게 끄려는데
슬며시 자리를 뜨는
공허한 마음 여럿

이름을 먼저 지운 인연들은
먼 하늘 자락 어디에서
둥지라도 틀었을까?
저마다 가슴에 아쉬움의 불을 켜고
어두워도 푸른
밤하늘을 올려다본다

초겨울 차가운 밤공기에
짐짓
별을 헤는 사람들

잔치는 끝났는데
그 눈빛이 모두
별빛이다

고모

고모네 된장 맛이
우리 집 된장하고 똑같았다
고모가 담근 가죽장아찌는
어릴 때 도시락 반찬으로 싸 갔던
보리누름의 그 짭조름한 여름이다

어쩌다 한 번씩 고모한테 들르면
냉장고 문을 열어 놓고
"이거 먹어 봐
이것도 가져가"
부스럭부스럭
있는 대로 다 꺼내놓는다

엄마가 시집살이할 때
철부지 애기씨
우리 고모는

내 어릴 적 고향집이고
또 한 분의 친정엄마이다

* 도시에 살던 작은 엄마는 한 번씩 시골에 올 때마다 시조부모님과 시부모님을 모시고 대가족 이끌며 내 자식들에게 눈 돌릴 새 없었던 엄마를 대신해 우리들을 다독거렸다. 전구를 끼워 양말을 깁고 재봉틀을 돌려 찢어진 바지를 누벼주셨다. 방학이면 우르르 몰려가 닷새씩이나 있다가 오는 우리들에게 외숙모는 한 번도 상을 찌프리신 적이 없었다. 母자 붙어있는 이름은 다 또 다른 엄마이다.

그새 다 잊으셨수?

종합병원 접수구 앞
할아버지 한 분
성큼성큼 앞서 걷다가
"아 빨리 와~"
뒤돌아보며 자꾸 눈짓을 한다

멀찌감치 뒤따르며
겨우 허리를 곧추세우고
멈추어선 할머니
"못 걸어서 그란 걸
자꾸 눈을 흘기고 그라요"

저 할머니
어렸을 적에
깨금발로 고무줄놀이하고
바람개비처럼 달려 나갔었다
예쁜 처자 때
사뿐사뿐 걸어
할아버지께
수줍게 시집오셨다

영감
나요 나
그새 다 잊으셨수?

제4부

할아버지와 소

처음이라서

백내장 수술을 마치고
안대를 하고 나온 할머니
손에 든 봉투를 들어 보이며
"이거 무슨 편지여?"

"주의사항이어요 할머니, 편지는 무슨"

옆에 있던 할아버지
"연애 편지랴, 집에 가서 찬찬히 읽어 보드라고"

"응 그려
근데 이건 하루에 몇 번이나 먹는댜?"

"먹는 게 아니구요 할머니
하루에 다섯 번
눈에 넣는 안약이어요"

"응 그려
나는
약은 다 먹는 거로만 알았지"

인연

어제
턱이 뾰족한 동해의 어른
도포 자락을 펄럭이며 영동장을 둘러보고
우리 집에 와
하룻밤 묵었네

아침에
얼굴을 씻고 귀도 후비고
정갈한 우리 집 손님은
부지런도 하시지
일찍 떠나버렸네

오랜 옛적
그 손님의 할아버지가
우리 집에 왔을 때
우리 할머니
지금의 나처럼 수줍어하며
먼바다 소식에
정이 깊었지

충청도 산골 우리 집에
동해의 명태 양반
조용히
다녀가셨네

오월이 다 갔는데

이른 아침 냇가
조막만 한 어린 새끼들을 달고
오리 가족이 떠 있다

아직도 델고 댕기는 놈이 있네
사람들이 지켜본다

이웃 아저씨 마흔여섯 살에 겨우 자식 얻었을 때
언제 키워 언제 키워
사람들이 쯧쯧 지켜보았지

저 달팽이 이쪽 풀숲까지 아직 세 뼘 남았고
이 지렁이는 도로 끝까지 두 발걸음 남고
아저씨 일흔여섯에 아들 서른 살

육 칠 팔 구 십 십일
추위가 올 때까지는 아직 여섯 달

얘들아
걱정 말거라
충분하다 충분해
아직 늦지 않았어

별씨

누가 하늘에다
별씨를 뿌렸나 보다
밤마다
파아란 별꽃이 피는 걸 보면

누가 하늘에다
별씨를 많이도 뿌렸나 보다
밤마다
파아란 별꽃이
피고 피고 또 피어도
자꾸 피는 걸 보면

대합실

오랜 친구인 그를
차마 달리 말할 수도 없어
나는
마음이 솟구칠 때 한 번씩
전화를 걸어
"잘 지내지?"
무심히 묻곤 하지요

우연히 어느 역에서 만나
인사로 잡아 본
옹이 같은 그 손마디에
저수지 봇물에 누운 물풀 같은 내 손은
부끄러웠습니다

어떤 날 같은 시간에 그저 만나지는 게
예삿일이겠냐고 했더니
"아프지 말고…"

아니라 아니라
멀어지는 등 뒤에
그의 속마음이
자꾸
돌아봅니다

성당 앞

거기에 가면

잘 지내지?
누군가 안부를 물어줄 것 같아요

괜찮아 기운 내
살다 보면 그런 날도 있어
어깨를 토닥여 줄 것만 같아요

개울물이 흐르고 새소리가 들려요
단풍잎 사이로 햇빛이 흔들려요

거기에 가면

어쩐지 오늘은

그분을 만날 것만 같아요

#(반올림)

누가 너에게 한
걸쩍지근한 일들은
용서라는 이름으로 떼어내 버리고

쬐깨라도 달착지근한 일은
감사라는 것으로 얼른 껴안아 봐

76점이 80점 되잖아

느낌이 다르지

사람살이 길지도 않은데
한 걸음만 물러서 보렴

우리 인생 사는 게
걸음걸이부터
확
달라질 걸

두엄

나에게도
별빛을 꿈꾸던 한 시절이 있었지
벌도 나비도
내 초록 품에서
비바람을 피해 잠들기도 했었다네

붉은 꽃 피우던 풋풋한 시절과
크게 이루진 못했으나
열매를 익히며 열심히 살던 나날
매미로 울던 날보다
애벌레로 산 날이 길었다는 듯
나 또한
오랜 어둠의 여정보다
꽃잎의 날이 더 짧았느니

어느덧 겨울이 오고
혼신의 힘을 다해 밑불을 옮겨준 연탄재처럼
나 하얗게 사위어
다시 기름이 되리니

자두나무 밭둑에
작은 풀꽃 하나 반짝 피거든
배나무 곁가지에 주먹만 한 배 하나 익거든

그대
나인 줄 여기소서

봄꿈

고양이 한 마리 마당에 와
제 똥을 나무 밑에 묻어주며
“빚이라 생각 마오”

배롱나무 밑에
하늘하늘 떨어진 꽃잎이
한 멍석자리나 붉은데
그 고양이
꽃방석에 누워 낮잠을 잔다

레이스 같은 작은 꽃잎 하나
사르르
코 밑에 내려앉아
은인의 꿈속을 향기롭게 하네

“우리
이렇게 만나는군요”

봄비 올 때

나는
방에 있었는데

매화꽃이 왔다

눈물이

그렁하다

새싹

텃밭에
조그만 싹이 두 잎
나란히 나왔어요
배추 싹 이래요

새싹은 어디서 왔을까요?
하늘에서 왔나요?
고양이가 심었나요?

땅속 깊은 곳
따뜻한 물이
예쁜 싹을 밀어 올렸나 보아요

새싹 같은
여린 손녀가
쪼그리고 앉아

꼭 저 같은걸

가만히 들여다보아요

할아버지와 소

날이 쨍쨍 뜨거운데
우리 소와 할아버지
모내기할 논을 쓰레질 하네

소의 숨소리
쉬익 쉬익
할아버지 얼굴에서
땀방울이
뚝 뚝

“누렁아 애썼다
쪼매 남은 거 마자 하고
얼릉 가서 발 씻고 밥 먹재이”

할아버지가 소 등을 두드려 주니
누렁이가 알아듣고
고개를 끄덕끄덕

＊ 초등학교 다닐 때 상보뜰 논둑에서.

한겨레

텔레비전에 나오는 유명 탤런트는
이웃 아저씨하고 닮았고
국민가수 이 선생님은
우리 엄마하고 닮으셨다

동서네 작은 사위는
우리 동네 쌀가게 사장님하고 닮았고
유명한 축구선수는
내 막냇동생과 흡사하다

다 성씨가 다르고
사는 곳도 다른데
오랜 옛날 할아버지 때부터
피가 섞이지 않았다면
어찌 저렇게 닮을 수가 있겠는가

우리나라 사람 중에
친척 아닌 사람 없구나

아이는 어른을
어른은 아이를
서로 공경하며 살 일이다

가정교육

이웃집 고양이
우리 집에 넘나들며
제 똥을 철쭉나무 밑에 묻는다

와서 놀아도
그런 짓은 하지 말랬잖아
그래봐야 막무가내로
몰래 드나든다

묻은 그 똥이 약이 되어
그 철쭉나무
더 빨갛게
더 흠벅지게
꽃을 피운다

내가 가르치지도 않고
부탁도 안 했는데
저 고양이는

제 어미로부터
가정교육을 잘 받은 게
분명하다

소풍

하얀 구름 봉실봉실
햇빛 푸른데
아버지는
펴 놓았던 자리를 걷고
일어서셨다

파릇한 잔디 위에
아직
나무 그늘이 싱싱했다

"아부지"
"너 여갤 어데라고 찾아왔나?
인제 차 오면 가~"
"누구 같이 가시는 분은요?"
"어데~ 혼자"
"아부지 가시는데 우리가 뭐 해드릴 거 없어요?"
"없어~"
"그럼 서운하신 거나 아쉬운 거는요?"
"없어~"
"어데로 가세요 아부지?"
"……"

이별은
반기지 않아도
저절로 찾아왔고

아버지는
우리가 모르는 곳
따라갈 수 없는 곳으로
혼자 떠나셨다

마지막 면도를 하는데
여인이 울먹이며 말했다

“우리 아버님 아프지 않게
살살해주세요”

영희

의료원 4층 병실에
고향 친구 영희가 누워 있다

내가 무슨 서운한 일을 하더라도
괜찮아
웃음으로 다 받아줄 것만 같은 영희

자식 둘 데리고 홀로되어
청소일 식당 일에
남들이 평생 해도 다 못 할 일을
겁도 없이 해치우며
두 아들을 올곧게 키워 내어놓았는데
그 일 더미에 떠밀려
쓰러진 나무토막이나 다름없이
마냥

단 하루만 푹 쉬어 봤으면…
그토록 원하던 휴식이었을지라도
돌아눕지도 못하고
한 달을 누워 있으라는 건
너무 지나친 배려 아닌가

지금 여기에 누워있는 건
허리를 다친 영희가 아니다
오늘까지 붙들고 살던
그녀의 낭군 같은 세월이다
그 세월 지팡이 삼아 버티었던
그녀의 자존심이다

영희의 병상 곁에서 나는
아무것도 해 줄 게 없이

집 담장의 큰 벚나무 왕벚꽃처럼
볼이 발갛던
둥구나무집 어린 영희가
어머니와 살던 때를 떠 올린다

차용증

차용증 없이
돈 빌려 간 옛 친구

어디서
어떻게 사는지
연락이나 주면 좋으련만

돈 잃고
사람 잃는다는
옛말이 틀림없네

네가 잘못 사는 건지
내가 잘 못 살았는지
세상 이리 살아 무엇하나

널 처음 만나던 때로 돌아가
다시 시작하고 싶어

안 갚아도 되는 돈이야
전화나 해

그 말을 못 했잖아…

단풍구경

내장산 단풍 구경을 가는데
주홍빛 옷을 입고 가는 게
어쩐지 예의가 아닌 것 같아
옷을 바꿔 입었다

많은 사람들이
노랑 주홍 빨강
난전에 걸린 옷들처럼
단풍나무 아래에 흔들리고 있었다
그들은 아무도
단풍에게 미안해하지 않는 것 같았고
나에게도 눈길 한 번 주지 않았는데
나는 속으로
단풍과 오랜 친구였던 것처럼
내가 주홍빛 옷을 입지 않았다는 게 썩 마음에 들었다

친구의 예식에 가서
신부 옆에 선 내가
하얗게 눈에 띄었더라면
아
어쩔 뻔했나 말이다

골목

눈이
엄청나게 왔다
그런데도 이웃 아저씨는 개를 끌고
운동을 나온다
담 밑에 내가 꽃을 가꾸는 것을 알면서도
꼭 풀 매는 밭에다 사계절 내내 똥오줌을 뉘었다

내가 그렇게 싫어하는 줄 알면
아마 저 늑대같이 생긴 얼룩 개는
하얀 눈 위에 누런 제 오줌발 자국을
몹시 부끄러워할 것인데
아저씨는 일부러 모르는 척한다

때로는
사람이 더 눈치가 없다

저 개의 눈빛이
마치 세상 모든 것을 이미 다 알고 있었다는 듯
형형하다
바람의 냄새를 맡아 날씨까지도 짐작하는 것 같다

부끄럽지 않은가
우리 골목에
사람보다 한층 더 성숙한 개가
함께 살고 있다

회룡포에서

예까지 오는 길이 그리도 멀었더라
그대에게 닿는 길도
이렇게 돌아
더디게 가느니

낙동강 물굽이
강토를 더듬어 가듯
오랜 기억들은 세월을 넘어
나를 적셔오네

고요히 휘돌다가
산의 옆구리를 힘차게 때리며
강이 한 번씩 휘청거렸듯
늘 한 발짝 멀어져 서 있던
그대도
무심한 듯 출렁였었지

저 강물
하세월 달려서
늘그막에
너른 바다 그 품에
수줍게 가 안기일지니

그저
앞서가는 강물을 따르며
우리 또한
부드럽게 등을 내맡겨야 하는 것을

* 끝없이 이어지는 도도한 낙동강의 흐름이 곧 우리네 삶과 같다는 것에.

밥값

새로 생긴 충북 종단 열차를 타고
단양에 갔네

내륙 깊은 곳
옛 고구려의 가슴속을 거슬러
소백산 골짜기
웅장한 절집 공양간에서
밥을 얻어먹네

어떤 이는 공밥을 먹고
또 어떤 누구는
다른 여러 사람의 밥값까지도 내었으리

빙그르 돌아갔다가
제자리로 와
다시 돌아가는 경전통처럼
세상은 늘
무언가를 주고받으며
톱니처럼 맞물려 돌아가지
누구는 채우고
누구는 비우면서 살아가지

'나는 밥을 먹을 자격이 되는가?'
식탁 위의 글귀 때문에

나도
세상 돌아가는 이치를 자꾸
더듬어
생각해 보네

천형

세상에는
생각이 다채로운 사람들이
넘쳐나
문학잡지에서는
다달이
글쟁이들이 태어나지

누가 그러라는 것도 아니었고
이것으로 밥을 벌어먹고 사는 것도 아닌데
나는 왜 숙제를 하듯 시를 쓰는 사람인 걸까?

나를 어둡게도 하고
깨우기도 하는 영원한 내 편
시는
사람을 열어주는 문

가을비가 저녁 강을 적시는데
나는 돌아갈 길을 잊는다

과연
나에게도
천형이란 말을 붙일 수 있을 것인가

나는 내 시를

처음으로 시집을 내고
책 한 권을 내보낼 때마다

그 사람이 책을 들고
시 한 편을 읽으면
어떤 느낌일까?

나는 정중하게
내 책을 들고
첫 장을 펴 보며
독자의 마음이 되려 애썼다

닳은 콘크리트 골목 비탈에
어쩌다 굴러 내리던 빈 깡통의 외울음을
누군가 듣는 것처럼

연로하신 어머니가
돋보기 들여대고 한 글자씩 보다가
이따금 희미하게 웃음 짓는 시

나는
내 시집을

골백번도 더 읽었다

어른과 아이의 경계에서 건져 올린 대화의 꽃다발

— 박명숙 제3시집 『가장 투명한 고백』에서

조 용 연

(시인 · 문학평론가)

박명숙 시인은 이미 3권째 시집을 펴낸 중견 시인이다. 월간 『문학세계』로 등단하기 이전부터 이미 '농민신문사 어머니 수기 공모'와 '농협 중앙회 주부 수필 공모전'에 입선한 경력은 시인의 글쓰기가 하루아침에 이루어진 것이 아님을 알 수 있다.

첫 시집 『학무산 아래 들꽃 같은』에 이어, 동시집 『웃음꽃 밥상』을 낸 것은 박 시인의 시 세계가 어른과 아이의 경계를 넘나들며 세상을 보고 시상을 추출하고, 이를 구상화하는 시 창작 과정에 독특한 영역을 구축하고 있음을 알 수 있다.

박 시인은 시의 소재를 멀리서 찾지 않는다. 밥 먹고 상 물리고, 다시 다음 끼니를 준비하는 과정, 남편과 아이들과 일상적 대화를 시의 밥상에도 기꺼이 올린다.

시인은 그런 소소한 일상에도 관찰의 눈을 놓치지 않는다. 대상에 기꺼이 거는 말솜씨는 너무나 곡진하고 또 정겨워 무슨 이야기를 주제로 부여잡고 있는지 바로 알 수 있을 정도다.

"시는 의미의 산물이 아니라 존재의 산물이다."라고 말한 김춘수 시인의 한 명구를 그대로 상기해 봐도 좋겠다. 시인은 쓸쓸한 사물, 사유에 대해서도 그다지 낙망하지 않는다. 희망으로 마무리하는 박명숙 시인의 시 줄기를 따라가며 우리도 훨씬 젊어짐을 느낄 수 있다.

낯선 것은 그것대로, 익숙한 것도 그것대로 말을 걸자면 쭈뼛거리게 되는 것이 보편적인데, 박 시인의 붙임성은 어떤 시적 제재(題材)에 대해서도 거침이 없다.

주부로서, 생활인으로서의 자세가 환히 들여다보여 백여 편의 시를 놓고도 장을 분류하기 힘들 정도로 가족 사랑과 멀지 않은 이웃으로 촘촘하게 얽혀 있어 따뜻하다. 교훈적인 요소도 여기저기 담겨 있어 의미가 새로운데 그렇다고 대놓고 가르치려고 들지 않는 시적 화자의 자세가 오히려 호감을 자아낸다.

박 시인이 일상을 대하는 태도는 '시적 자아'가 넘치도록 풍성하다. 편편이 묻어나는 시의 전개가 동시를 대하는 듯해, 우리가 잃어버린 세계를 거침없이 넘나들어 우리를 기쁘게 한다. 지루하지 않은 비유가 정신을 일깨우기도 하고, 가슴 저릿한 사랑이 한 집, 한 지붕은 물론, 친인척 동기간들 간에 애련해하는 모습이 우리가 점차 잃어가고 있는 세계를 간직하고 있어 흐

뭇하기 짝이 없다.

시인이 제목을 뽑아내는 시적 능력도 이미 평균치를 넘어서 더 산뜻한 주제어를 기대해도 좋겠다.

제목만 가지고 시의 성격을 일별 하듯 분류해 내는 일은 위험하다. 시의 제목은 사실 소재와 가장 먼 거리에 위치해야 좋은 제목이 될 수 있다. 가까운 거리에 있다면 굳이 상상력을 동원하거나 시적 구조를 이리저리 뜯어볼 필요도 없다.

전과 책처럼 코앞에 답을 펼쳐 보여주는 것이 아니라 그 먼 연관관계를 시의 본질, 은유와 상징, 그 미로를 찾아서 기어이 찾아가야 하는 구조를 만들 때, 시는 긴장(Tension)을 갖추고 팽팽한 시적 구성의 참맛을 선사한다.

시인이 살고 있는 곳은 영동 금성산(부용산) 아래 부용리로 경부선이 가로질러 지나가는 영동 읍내다. 전라와 경상으로 갈라지는 역말이 있던 동네는 파발마(擺撥馬)의 말발굽이 들리는 듯하다. 게다가 금강으로 흘러드는 영동천이 흐르는 자연환경은 시인이 자연에 윤택하게 접근할 수 있는 환경을 본디 만들어 놓았다.

박 시인이 말을 건넨 대상이 대부분 자연이고, 아무 거리낌 없는 소통이 이루어진 통로 또한 배산임수의 길지에 평생을 살아온 시인의 영토가 큰 작용을 하고 있다는 짐작이 가능하다.

1. 제1부 달과 별에 시심을 심은 천생 시인의 자아

시인은 밝은 달, 맑은 별을 쳐다보는 기회가 남달리 많았을 것이다. 횟수의 문제가 아니라 명멸하는 별의 깜빡거림 하나에도 가슴이 찌르르한 시간이 머물렀고, 거기에다 시의 캔버스를 펼쳐놓고 그림을 그리고 있다.

어찌 잠이 오겠는가
서늘한 달빛이 청아하다

어쩌면 저 위의 세상도 여기와 같을지 몰라
아이들 여럿인 집은 함께 모여 깜빡거리기도 하고
따로 떨어져 서로 그리워하며
마주 보고 달그락달그락 밥 먹을 날을 기다리기도 하고

윗대부터 잘 이룬 집은 반가의 종택처럼
큰 기와집에 밝은 등불을 여럿 걸어놓아
아주 빛나는 별빛
가세가 기운 어떤 집은
빈집에 불도 못 켜고 검은 하늘빛
기름 닳은 등잔에 심지를 돋우어도
겨우 껌빽이는 별빛이 되었으리

북두칠성 일곱 남매도
그중 가운데 별이 유난히 흐려
아마도 더 아픈 손가락일 게다
궁색한 살림이 늘 희미한 등잔불처럼 가물거리다
오늘 같은 날
꽉 채워진 보름달이라도 지나는 날엔
등잔불은 꺼두고 나란히 엎디어
마루를 지나 안방 깊숙이 들어온 달빛을 흠씬 맞으리

잦아들지 마라
그대는 결코 혼자가 아니다
나 또한 잠들지 않고 눈빛을 보내리니

이런 달밤에는
누구인들
맑은 달 물결에다
마음을 헹구지 않겠는가

—「달밤」 전문

시인은 마당 한가운데 놓인 들마루(平床)에 앉아 하늘을 보았겠다. 잠이 오지 않는 밤에 뜰에 나가 올려다본 남색 바다가 밤하늘이다. 달빛이 가까이 내려와 있고, 먼 천상계의 별들은 저마다의 위치에서 자맥질한다. 별의 군집은 올망졸망한 아이들이 재잘거리는 집 같기도 하고, 저만치 떨어져 함께 밥을 먹을 날을 기다리는 집 같기도 하다. 의성어 '달그락달그락'은 가난하나 이내 제 먹을 양의 밥이 다 비어버린 양재기 긁는 소리다. 그 별세계의 명멸하는 조도를 여전히 형형한 반가의 종택과 기울어버린 구 이장 댁으로 구별한다. 석유 한 초롱 살 돈도 없어 호롱불 아껴 켜는 외딴집처럼 별빛이 가물가물한 저 심연, 어유등(魚油燈) 등잔을 그을음 피해 켜놓던 짧은 저녁의 가난한 살림살이까지 시인의 마음이 움직인다. 그러니 그 연민은 보름달 그림자라도 생길만한 희미한 빛일지라도 그 가난한 별을 안방까지 끌어들여 그 별과 '나란히 엎디어' 턱을 괴며 이야기하자고 한다. '맑은 달 물결'에 헹군 마음으로 너, 외딴집 가물가물 스러지는 별에게 동무하겠다 한다.

그 별은 북두칠성 언저리에서 겨눌 자 없는 여왕별의 별빛 카시오페이아의 빛은 아니다. 두드러지게 명멸하는 별은 아니나 맨눈으로 관찰은 할 수 있으니 겉보기 + 6.5등급보다 밝은 별일 게다. 별들이 내려앉은 시인의 뜨락은 더 없는 고요 속에 따스하다.

박 시인의 밤은 그냥 어둠이 아니다. '우단처럼 검고 물이 아닌데도 검푸르다' 시 「밤」에서 '…바다는/ 사람들 저마다 꿈의 그림자를 붙잡고 매달려/ 밤마다 떨어져 내린/ 별들로 반짝이고// 열꽃 딱쟁이 자국처럼/ 뻥 뻥 남은 하늘 웅덩이에/ 낚싯대를 드리우고/ 하세월 들여보고 있는/ 검은 밤'이라면서 하늘을 검푸른 빛깔의 물로 본다. 시인의 밤은 그냥 어둠이 아니다. 숱한 꿈의 잔해가 떨어진 호수, 거기 드리운 낚시에는 인간의 기쁨만 아니라 고뇌도 걸려 나오겠지.

보이지 않는 칠흑의 바다, 그 하늘은 별빛도 오지 않는 별들의 군집, 4천억 개의 은하의 별 가운데 태양계 가장 가까이 뜬다는 별 프록시마 센타우리(Proxima Centauri)는 시간으로 보면 4.2광년이요, 거리로 보면 태양에서 40조km이다. 1초에 17km 주행하는 보이저 우주탐사선으로 7만 년쯤 걸린다는 별이 쏘아대는, 별빛조차 와닿지 않는 저 은하의 깊은 바다에 시인은 낚싯대를 드리우고 있다는 말이니 시의 세계는 다 말하지 않아서 그렇지 깊고도 깊다.

이런 시인의 열린 마음은 영동천이 말라붙은 가뭄 끝에다 대고 기우제를 지내는 심정으로 목마름을 시 「기도」로 표현하기도 하고, 배냇짓으로 웃는지 시인을 보고 웃는 아기 앞에 아무 생각도 떠오르지 않아 「그냥」이라고 자기 무아의 시간을 시로 노래한다. 일상에서는 IMF가 밀어닥친 파고 속에 "형님은 애들도 많고 부모님은 제가 모실게요"하는 동서의 한마디에 무너지고 마는 동기간의 정도 「값비싼 마음」이란 시에 다시 새겼다.

그렇다고 현실에서 일어나는 감정의 동요를 외면하지도 않는다. 딸아이 산후조리를 뒷바라지하며 손녀를 돌보는데, 딸은 책을 펼쳐 들고 잔소리를 해댄다.

'…엄마/ 그럴 땐 이렇게 했어야지~!// 엄마는 네 동생도 이렇게 키웠는 걸/ 그렇게 잘 알면/ 밥이 되든 죽이 되든/ 지가 알아서 할 일이지/ 왜 나한테 왔누// 다 싸 들고 어여 가(「다 싸 들고 어여 가」 중에서)' 이쯤 되면 시의 울타리를 벗어나 연속극 대사에 가깝지만 뾰족한 감정을 숨기지 않는다.

누군가 스마트폰으로 보내준 영화 〈미션〉의 배경인 이구아수 폭포 영상에 빨려 들어갈 정도로 감동하면서도 '…아—/ 나는 저기 안가기를/ 정말 잘했다// 만약에 내가 저 옆에 갔더라면/ 아마도 나는// 저 웅장한 물 폭탄과 함께/ 뛰어들고 말았을 것이다'라면서 「여우가 못 딴 머루」라는 다소 엉뚱한 제목을 끌어다 붙였다.

이솝우화의 〈여우와 포도(Sour grape)〉를 인용했다.

먹고는 싶으나 너무 높은 곳에 달린 포도여서 '시어서 못 먹는 포도'라고 치부해 버리는 알량한 자존심의 제목을 빌려 슬며시 웃음이 나오게 한다. 이 반어법의 의미를 알아차린다면 시인의 배우자는 해외여행 계를 부어서라도 부부 동반 남미 여행을 떠날 채비를 해야 하지 않을까.

부부의 사랑과 갈등 또한 생활 시의 영역에서 좋은 소재다. 「국어사전」이란 시를 통하여 시인은 사랑의 맨얼굴을 단어 해설 형식으로 보여주기도 한다.

사랑
아끼고 위하는 따뜻한 마음
또 다른 얼굴
집착
어떤 일에만 마음이 쏠려 떠나지 아니함

사랑하니까
매정하게 그럴 수도 없고
집착하니까
자꾸 상처만 생기잖아

왜 많은 사람들은
그 낱말을 놓지 못하는 걸까

어리석음도
따뜻한 마음이라고
책장을 넘길 때마다
묻어나는 온기

우리가 입에 담는
세상의 모든 말들이
일러주었네
그들도 사람과 함께
깊은 고뇌 속에 있다는 걸

—「국어사전」 전문

시인의 생활 가까이 국어사전이 있다는 것은 자연스러운 일이다. 그가 그냥 떠들쳐 본 임의의 단어가 '사랑'이라는 단어임은 사랑이 사람의 일 가운데 가장 위대하고, 소중하다는 증거다. 사랑의 또 다른 얼굴을 '집착'이라 풀고, 집착은 소유의 완성을 향한 적정 농도를 벗어난 점착, 이에 따라 생기는 상처는 어리석음에서 연원 되었음을 말하며 모두 사람의 일, 사람의 고뇌 속에 있다고 고백한다. 사랑은 시 「굳은살」에서처럼 공부에 지친 아들의 발을 씻어주기도 하고, 일터에서 돌아온 남편의 발을 씻어주는 낮은 자세에서 비롯된다는 실천을 하면서도 부부의 한바탕 설전을 「세상에서 가장 나쁜 말」이라는 시에서 유쾌하게 마무리한다.

고슴도치하고 싸웠다
다시는 내가 먼저 말하나 봐라

이 나쁜 놈
똥 돼지 똥 털
똥구두

똥구두?
그래!! 똥구두!!

우하하하

이겼다
끝

—「세상에서 가장 나쁜 말」 전문

박명숙 시인은 굳이 이 시의 원문 끝에 별표로 고슴도치가 남편이라고 밝혔다. 하지 않아도 아는 말이지만 시인은 고슴도치에 찔리지 않으면서도 고슴도치를 끊임없이 건드려본다. 찔릴 것을 각오하지만, 결코 자기를 찌르지 않을 것이라는 믿음이 있음을 배경에 깔고 있다. '우하하하' 이겼다고 하면서 '끝'이라고 애써 종결 선언을 하는 속뜻, 뒤편에서 남편은 빙긋이 웃고 있지 않을까. 사랑의 또 다른 얼굴이다.

박 시인의 사랑 영토는 기억의 시간, 마음의 시간, 자기 몸의 일부로 펼쳐져 나간다. '그녀의 이름만은 쓰지 마세요// 부끄럽잖아요// 좋아해// 사랑해// 몇 번을 썼다가 지우더라도… (「칠판」 전문)' 라며 분필로 초록 칠판에 몰래 쓰던 망아지 풋사랑의 시간을 불러내고, '…빛깔 고운 홍단풍 잎새 사이로/ 바람 한 즐기 휙-/ 지나간 거와 같아// 한 계절은 흔들거리지'다며 가슴속 깊이 묻어둔 사랑의 기억을 환기한다. 자기 발을 들여다보다가 못 자란 마지막 발가락에게 문득 떠오른 고마움을 뒤늦게 전하기도 한다.

'…'너 없었으면 우리가 기울었을 게야/ 아무도 널 흉보지 않아'/ 다른 발가락들이 보듬는 게 분명하다/ 제 먹는 영양분을 나누어 먹이는 게 틀림없다(「더 아픈 손가락」 중에서)' 라며 이 세상은 잘난 존재만 사는 게 아니라 고달프게 살아온 새끼발가락의 노고를 높이 사며 다독인다.

시인의 감성은 아버지와 각별한 혈육의 정이 맞닿아 흐르기도 한다. 통상 어머니란 존재에 더 비중을 두는데 비하면 별스럽게 느껴지는 애틋함이 시 「늦깎이」에 고스란히 부어져 있다.

꿈에서
아버지를 만났네
아버지~!
힘대로 꽉 껴안으니
아버지도 말없이 안아주셨네

이승에서
아버지와 딸로 살 때
철나고는 한 번도 안아본 적 없던 아버지
돌아가시고 꿈속에서
연인처럼 안아 보았네

자다가 깨어나
통곡을 하네

아버지
보고 싶어

무논에 비친
평화로운 하늘같이
배코에 떨어지던 여름날 햇빛같이
아버지와 살아온
짱짱한 날들

아버지는
터널 밖 환한 빛 속으로
떠나신 지 오래인데
아직도
부스럭거리는
나는

항상 한 발짝 늦어

—「늦깎이」 전문

꿈속에서 만난 아버지, 이미 세상을 떠난 아버지를 연인처럼 안아본 생생함, 너무나 반가워 꽉 껴안았다는 뒤늦은 고백은 생전에 한 번도 해본 일이 없었다는 무심함에 대한 반성으로 가득 차 '늦깎이'라고 규정했으리라. 모진 세월이 아버지를 데려가 버렸다. '… 아버지는/ 우리가 모르는 곳/ 따라갈 수 없는 곳으로/ 혼자 떠나셨다// 마지막 면도를 하는데/ 여인이 울먹이며 말했다.// "우리 아버님 아프지 않게/ 살살해 주세요" (「소풍」 중에서)'라면서 염습(殮襲)하고 있는 염사에게 부탁한 아버지와 영별(永別), 터널 밖 환한 세상에 계신 아버지는 분명 천국에 가 계시겠지만 갈 수 없는 강, 건널 수 없는 강, 그 세계에 꿈이라는 그 마법의 다리라도 없다면 어찌 건너가 아버지를 안아볼 수 있을 것인가. 자식의 불효는 늘 '후회는 앞서는 법이 없다'라는 명제를 떠올리게 한다.

그러면서도 매우 솔직한 시 한 편 「음모」에서는 매우 구체적으로 남자와 여자로 구별되는 존재의 상징을 생생하게 그려낸다.

'아들 방을 치우다/ 음모 하나를 보았네/ 굵고 튼실하여/ 그의 젊음을 말해 주었네// 오줌 누러 나왔다가/ 불 켜진 방문을 열었던 날/ 젖혀진 이불 사이로 드러난/ 불빛에 반짝이던 아버지의 음모/ 포효하던 사자 한 마리 빛나는 갈기/ 숲을 보았네/ 눈이 부셨네// 병석에 계신 아버지 소변을 받다/ 얼른 끌어다 덮으시는 홑이불 사이로 드러난/ 생성을 마친 음경 (하략) (「음모」 중에서)'에서 생활 가까이서 발견한 한 가락의 내밀한 털의 존재를 조손(祖孫)의 남성성에 머물며 그 성장과 융성, 쇠잔의 시간까지 그려내며, 급기야 병석에 누운 아버지의 남성성까지 자신이 목격하며 건사해야 하는 마음의 심도가 깊기도 하다. 마지막 연에서 이제 생의 여분을 다한 아버지에게서 '조용히 잦아드는 우주의 뿌리'를 보았다고 하며 숭고한 경배를 다 한다. 한 가족을 위해 일생을 헌신한 아버지의 빛나던 시간과 조락의 시간을 안타까이 바라보면서 시인의 몸으로 빚은 아들의 운명과 행로에 대한 짐작을 덧붙이는 마음이 여성의 대척점에서 바라보고 있어 더 깊어 울림이 크다.

박 시인도 나이가 들어 존재의 쇠락과 어쩐지 헐거워지는 시간에 대한 연민이 시편 구석구석에 묻어난다. 너무나 흔한 자신의 이름 '명숙'을 시인 문사(文士)가 되게 '…사람은 이름대로 산다기도 하던데/ 글월 문(文)자를 넣었으면 시를 더 잘 쓰지 않았을까/ 편안할 강(康)자로 했으면 사는 게 좀 수월했을까/ 집안의 돌림자를 따서 지었더라면/ 당당하게 가문의 빛이 되었으려나 (「이름」 중에서)'라며 별생각을 다 하지만 아버지가 지어 주신 고마운 이름 '명숙'을 '밝고 정숙하게'라고 새겨 고맙게 여긴다. 하지만 어른으로서 자손의 이름마저 지어 줄 자리를 잃어버린 요즘 세태에 섭섭함도 감추지 않는 시인이다.

나이가 들고 보니 별것이 다 애틋하다. 오랜만에 만난 친구의 손마디 옹이를 만지며 보드라운 내 손이 부끄럽고, 철 지난 옷을 입고, 물건 값을 깎는 어머니 옆에서 부끄러웠던 소녀가 이제 가슴 당당한 할머니가 되었다. 그래도 붉은 딸기에 붙어온 하얀 꽃잎 하나에서 막 생기기 시작한 얼굴 검버섯의 그림자를 연상하는 것은 '…내 얼굴 한쪽에/ 향기를 다 자아낸/ 모과의 반점 같은// 검은 꽃잎// 엄니의 흔적(「검버섯」에서)'이라며 공감하는, 빛나는 시인의 눈이다.

2. 꽃 피는 시절, 결실의 계절, 나의 스승 자연이여

시인의 눈이 꽃피고, 새우는 화사한 봄, 여름의 뜨

거운 열기와 조락의 가을까지 지나칠 리가 없다. 박 시인 또한 그러하다. 봄의 전령사 산수유의 개화를 두고도 감동이 터진다. '산수유나무가 장난이 심하다/ 동그란 물방울을/ 톡! 톡! 튕긴다/ 사방으로 번지는 노란 물(「산수유나무」 중에서)'이라며 팝업처럼 터지는 산수유 천지를, 동시를 쓰는 감성으로 접근한다. 그러면서도 그 개화의 짧은 시간을 허투루 여겨서는 안 된다고 다짐하고 어느덧 산수유 꽃그늘에서 자신을 들여다보는 시간이 되었다고 독백한다. 대중가요의 한 대목 "우린 늙어가는 것이 아니라 익어가는 것."이라는 말을 다시 떠올리게 한다.

동심의 연장은 시 「3월 자목련」에도 이어진다. 겨울을 견뎌낸 목련의 꽃눈에게 솜털 이불을 덮어주고, 삭풍이 문 두드려도 열어주지 않는 때를 지나 개화하면 '…와~ 눈부셔라/ 꽃눈이 웃으며 창밖을 내다보아요/ 봄바람에/ 얼굴이 발그레~해졌어요 (「3월 자목련」 중에서)'라고 기뻐한다.

고향집 담장에서 한 삽 떠온 붓꽃을 '…노란 양산을/ 대차게 펼쳐 들었다// 일제 강점기/ 숨어서 우리 글을 가르치던/ 야학당 선생님 (「붓꽃」 중에서)'이라고 그 기개를 칭찬하는가 하면, 학교 옆 공터에 흐드러지게 핀 개망초꽃을 '…"대한독립 만세~!!"/ 봇물 터지듯/ 우르르 몰려나온 백의민족// 아우내 장터/ 민초들의 함성이/ 여즉/ 목이 메어/ 하얗다 (「개망초꽃」 중에서)'라고 민족정신까지 이어내는 시적 감성은 빼어나다 할 수밖에 없다.

한여름에 흐드러지게 핀 꽃을 완상한 「메밀밭에서」는 짧지만 강렬한 시다.

바람이
우~~
달려오다
풀썩
엎어지니

메밀꽃
화들짝
꽃밥을 다 쏟았다

꽃이불이다

—「메밀밭에서」 전문

메밀꽃을 노래한 문장은 여러 곳에서 읽을 수 있다. 시의 좋은 소재이기도 하다.

이효석의 『메밀꽃 필 무렵』에서 강원도 봉평, 대화의 메밀밭 묘사는 너무나 강렬하여 100년이 다 되어가는 세월에도 전혀 바래지 않았다. 달빛이 쏟아지는 산촌의 메밀밭 풍경은 낭만과 서정의 교과서다. 산허리는 온통 메밀밭, 달이 떴다. 환한 달빛에 숨 막힐 듯 하얀 메밀꽃이 소금을 뿌린 듯 산길을 가노라니 메밀꽃밭이 눈부시게 하얗게 빛나고 있었다는 이 교과서적 이미지는 지극히 정적(靜的)이다. 박 시인의 눈은 '바람이 달려오다 넘어져 쏟아버린 꽃밥'이라며 동적(動的) 이미

지로 시적 얼개를 만들었다. 다 쏟아버린 꽃밥은 '꽃이불'이 되었다. 하얀 꽃이불, 한 번도 보지 못한 하얀 이불, 거기서 슬픔을, 생의 극치까지 맛본 우리가 덮어야 할 마지막 이불을 연상하는 것은 너무 비극적인가.

박 시인은 살림을 꾸리는 주부로서 흔히 만나는 채소 한 단에도 시를 붙잡았다.

시 「시금치」는 그냥 매대에 놓여있는 한 단의 채소가 아니라 고향 떠난 애처로운 존재로 인식한다.

시골 오일장 구경을 간 그를 따라 온
푸른 옷의 그녀
허리에 두른 빨간 띠가
아랫녘에서 왔음을 일러주었네

오동통한 맨발에
다부진 얼굴
저 먼 남쪽 바닷가 노지에서
삼동을 견디어 온 그녀가

어찌하다 이 먼 곳까지 걸어왔는가

발갛게 언 그녀의 발을 보았을 때
나는 그만
골목 끝 집 바지런한 순이 같은
그녀를 데리고
물이 따뜻한 남쪽

그녀의 고향으로 떠나고 싶었네

—「시금치」 전문

박 시인이 머문 시선은 시금치 밑동 가까이 있는 붉은 선, 그 색상이다. '허리에 두른 빨간 띠가 아랫녘에서 왔음을 일러주었네'라고 말한다. 동해와 남해의 바닷가, 겨울 해풍을 맞고 자란 시금치의 붉은 기운을 '맨발로 걸어오다 얼어버린 발'로 표현했다. 그 시금치는 비닐하우스에서 웃자란, 구부정한 시금치가 아니다. 우선 맛부터 천양지차다. '골목 끝 집 순이 같다'라는 표현은 이미 우리 곁에서는 발견되는 이미지가 아니다.

우리가 개발연대를 맞기 전만 해도 집집이 식솔들의 입 하나 더는 것이 큰 과제였던 때가 있었다. 6·25 사변 전후는 물론, 1960년대 어간이다. 보릿고개라는 춘궁기가 목을 졸라 오면 딸이 여럿인 집은 '수양딸'이라는 이름으로 소위 '좀 있는 집'으로 보내진다. 초등학교라도 보내 한글이라도 깨쳐주겠다는 약속은 어디로 가고, 그 집 아기를 돌보거나 잔심부름하는 베이비시터, 몸종이 되던 때가 있었다. 그런 순이도 저 바닷가에서 맨발로 온 시금치 '고향초'와 같은 처지임을 알고 있어서 가능한 비유다. 조신하게 커서 이제 시집갈 나이가 된 요조숙녀는 더는 이 땅에서 칭송이 아닌 시대가 왔지만, 고향 땅으로 저 순이 같은 시금치를 돌려보내고 싶다는 연민으로 사라진 것, 귀한 것을 일깨우는 한 시대의 가치를 상징적으로 표현했다.

박 시인은 너나 할 것 없이 가난했던 시절 두리반반상 시절의 풍경을 시편마다 그려내고 있어 시 읽는 재미를 더한다.

한방 가득
어린 자식들을 모아놓고
옛날얘기를 들려주네

곰실곰실 커 가는 새끼들로
방이 비좁을 때마다
앉은걸음으로 몸을 틀어
한발씩 물러섰으리
동그마니 움츠려
귀퉁이로 몰렸으리

올망졸망 덜 여문 옥수수알 같은 우리들을
가운데다 눕히고
아버지는
늘 외풍이 센 바람벽에 붙어 주무셨다

행여 떨어질라
포대기로 꼭꼭 싸매고
아기를 등에 업고 먼 길을 가는 것 같은
옥수수를 보며

먼 옛날
우리들과
아버지의 형제들과
할아버지 할머니와
증조할아버지 할머니를 모시고 살던

30대 초반의 가장 아버지와
어머니 어깨의 짐을 생각한다.

형은 외로운 자리네
아우가 잘 받쳐줘야 한다네

아버지는
가장 외로운
마른 옥수수 대궁이었다

—「옥수수」 전문

밭에서 옥수수를 대궁에서 따내 껍질을 벗기고 삶으면서 시인의 생각은 시간여행을 떠난다. 어릴 적 빙 둘러앉아 형제들이 올망졸망 먹던 두리반 밥상, 그야말로 곰실곰실 커가는 아이들로 비좁은 방에 가난한 어머니는 바가지 밥을 비벼주었을 터이다.

박을 타서 갈라 만든 바가지, 한 귀퉁이는 떨어져 나가는 바가지를 굵은 실로 꿰맨 누런 바가지, 밥은 형제들 숫자대로 금을 그어 주어도 서로 먹으려고 다투던 그야말로 식구의 시대가 있었다. 옥수수 속 알처럼 형제들이 고르게 자리 잡을 수 있었던 것도 문풍지 바람 새는 봉당 가까이는 엄마의 몫이었고, 형들은 그래도 아우들, 누이들 가운데 누이고 바깥에 자던 그 식구들, 끌어 덮어 발이 나오던 무명 이불에 땟국물 흘러도 인정 넘치던 시절, '…보리쌀 삶을 때 얹었다가/ 젓가락으로 쿡 찔러/ 늦은 저녁밥 먼저 꺼내 주었던/ 팍신팍신 구수한 그 감자 냄새// (중략) 감자 순 몰래 옆구리를 후벼 꺼내 온/ 아직 덜 여문 자주감자 몇 알은 (「감자」 중에서)'이라며 없이 살던 시절의 향수를 달랜다.

그랬기에 다해봐야 다랑논 두어 마지기밖에 안 되는 유산도 큰형을 더 나눠주던 시대도 옛말이고, 저마다 1/n 시대로 접어든 지금, 옥수수 알갱이처럼 살던 시절은 그저 아득하기만 하다.

그래도 새끼들 먹여 살리던 아버지마저 소임은 변치 않았으나 이제 아무도 거들떠보지 않는 '옥수수 대궁'이라 말하는 박 시인의 눈가는 이미 촉촉이 젖다가 짓무르기도 했으리라.

박 시인의 시상은 「살구꽃」 하나에도 '엄마/ 화장하지 마세요// 엄마 냄새가/ 하나도 안 나잖아요// 그냥 있어도/ 이쁘기만 한데 뭘...(「살구꽃」 전문)'이라고 엄마 냄새의 원형질을 짧으나 강렬하게 표현한다. 낮잠을 자던 하오, 저녁밥을 지으러 뒤주로 쌀 푸러 가는 어머니의 치맛자락이 코끝을 스쳐 지나간다. 어렴풋이 눈뜬 순간을 사로잡는 엄마의 그 냄새, 그건 그렇게 상황으로밖에 설명할 수 없는 엄마만의 냄새다. 아빠가 잡아주시던 나의 조막손, 읍내에 장 보러 갔던 아버지를 동구 밖에서 만나 과자가 담긴 돌가루 봉지를 건네주시던 아버지의 손, 아빠란 말이 여전히 어색한 박 시인의 유년을 지켜온 냄새의 원형임이 틀림없다.

시인이 꽃과 열매와 더불어 지내는 일상은 낙엽을 떨구는 나무에게도 말을 건넨다. '…숙제를 잘했다고/ 좋은 점수를 받은 게야 (「가을나무에게」 중에서)' 너 낙엽의 처지도 그렇게 육신은 아픔을 참고 견딘 어머니의 마지막 같다고, '… 당신 아무 말 없이/ 누워 계셔도/ 바스락바스락 아프다는 말/ 속으로 참고 계시다는 거/ 다 알아요 (「낙엽」 중에서)'라며 공감의 위로를 전한다.

구덩이에서 파낸 겨울 무가 접시 위에서 꽃을 피우는 신비를 보며 땅을 딛고 선 게 아니라도 좋은 환경에서 참사람이 태어나는 것은 아니라는 깨달음을 얻고, 제대로 뜯어먹기도 전에 솟아올라 자라 피워버린 「쑥갓꽃」을 목마름의 꽃, 심심한 꽃, 숨죽임의 꽃, 그래서 안타까운 꽃이라고 노래하는 대목에는 해마다 늦은 봄 쑥갓을 심어 먹는 해설자인 나도 전혀 생각하지 못한 꽃의 심미안이어서 놀랍다.

익어가는 수수가
양파망을 모자로 쓰고 있다

이웃 참새들이
왔다가 가고
왔다가 가고
보릿고개를 견디며
눈을 흘긴다

지나던 바람이
"그러게

한 입씩만 먹고 좀 남겨두지
아주 끝장을 내니까 그렇잖아
요즘 새들은
왜 그렇게 염치가 없니?"

—「염치」 전문

아마도 박 시인이 집 근처 들판을 지나며 마주친 풍경이리라. 양파망을 뒤집어쓴 수수의 몰골을 보고, 새들이 채 익기도 전에 초토화하는 수수밭에 대한 염려를 새들의 염치로 표현했다.

염치(廉恥)는 중국 고전에서부터 내려오는 엄격한 단어다. 염(廉)은 자신의 잘못을 숨기지 않는 깨끗함이요, 치(恥)는 그릇된 것을 따르지 않는, 즉 '부끄러워할 줄 아는 마음'이다. 관자(管子)의 목민 편에 "나라에는 네 가지 근본 기강이 있으니, 예(禮), 의(義), 염(廉), 치(恥)이다. 이 기강이 유지되지 않으면 나라는 망하게 된다."라고 했다. 나라가 망하는 것이나 농사가 망하는 것이나 크기의 차이일 뿐 그 영향은 절대적이다.

오죽했으면 경찰관을 길러내는 타이완의 중앙경관학교 현관에 걸려있는 교훈이 '염치(廉恥)'일까. 시인은 독백처럼 한 말이지만, 지금 어쩌면 우리는 뿌리까지 먹어 치우는 '승자독식(勝者獨食)의 몰염치 시대'를 저마다 삿대질하며 사는 게 아닌가 싶기도 하다.

그래도 우리는 9월의 하늘을 이고 피어나는 들국화에게 '…말 못 한 두근거림이/ 꽃으로 피었나 봐// (중략)

숨어서 읽어 본/ 연애편지 같은 꽃 (「들국화」 중에서)'이라고, 애틋한 고백도 하고, 자색(紫色)에 가까운 붉은 빛 모란꽃에게 '…우리 할머니/ 작은 시루에 붉은 팥시루떡 안치셨지// 달마다/ 아름다운 욕망/ 붉게 타올라/ 열매로 퍼트려 놓고// 누군가 말했어/ 폐경이 아니라/ 완경이라고 (「2014 모란」 중에서)' 자신을 위로한다.

아마도 박 시인의 달거리 종점을 굳이 시제의 앞에 밝히는 것은 그 쓸쓸함의 기점을 구체화한다. 자신을 떨어뜨린 꽃신 한 짝으로, 마당 한쪽에 아직 피어있는 한 떨기 꽃으로 시인답게 생육의 의무를 마감한 허전한 지점을 아련하게 묘사하고 있어 여류 시인의 향기가 오히려 은은하다.

3. 우리 집이라는 우주, 함께 울고 웃는 가족

박명숙 시인은 가정주부다. 하지만 그냥 그날이 그날인 양 밥 짓고, 빨래하고 가족들 건사하는 그런 주부가 아니다. 어느 울타리 안에서든 시적 상상과 떠오르는 시어의 감성을 거의 주체하지 못하는 수준이 아닐까 싶은 생각이 드는 열정을 발견하곤 놀란다. 그렇다고 글 쓴다는 큰 뜻이 가정 대소사를 밀쳐두고 관념에 머무는 게 아니어서 그 완결성에 눈길이 더 간다.

우선 배우자, 남편에 관한 이야기를 앞에 두는 것은 역시 가정에서 부부는 우주의 전부나 마찬가지다. 자식이 있고, 부모가 있지만, 이 무촌의 사회학과 구조역학은 때론 너무나 복잡하고, 때론 너무나 단순하다.

멸치 한 포를 쏟아 놓고
마주 앉아
머리 떼고 똥 가르고

아이구 허리야~
이거 언제 다하지?

여보 사랑해~

조금만 더 사랑해
여보
응?

—「멸치 사랑」 전문

이 시는 더 설명이 필요 없는 시다. 거실에서 벌어진 다정한 부부 사이를 더없이 잘 묘사하고 있다. 멸치를 한 포대 쏟아 놓고 필요한 것만 잘라내고, 골라내는 과정은 현미에서 뉘를 고르듯 지루한 일이다. 더구나 솥뚜껑만 한 남자의 손으로 털퍼덕 주저앉아 아내의 일손을 돕는다지만 몸이 비틀리는 일이다. 아니라고 하나 아내의 심기를 배려한 남편의 지혜일 터이고.

마지막 멸치 몸통까지 다 골라낼 때까지 "여보 사랑해"라는 입막음은 명약이다.

바람 따라 해가 돌아가
창문을 내리고
새들이 이부자리를 고를 때

그대는
된장 한 가지로 밥그릇을 비우고
나를 보고 웃네
전기 매트 위로 곤하게 올라오는 오늘 하루
등 따순 그 하나로
우리는 마음을 풀지

나는
저 사람이 기울어지지 않도록
한 귀퉁이를 잘 받쳐주고 있는가?
내 생각만 하고 자꾸 기대어
떠밀기만 하는 건 아닐까…

세상살이가 흔히 그렇더라
미처 생각하지 못한 것이
문득 다시 보이는 것

늦은 설거지를 다 마칠 즈음이 되어서야…

—「저녁」 전문

석양이 기울고, 황혼의 노을이 타는 풍경 속의 '저녁'이 이 시에서는 보이지 않는다. 시야는 집안의 울타리에 머물고, 시선은 오로지 남편을 향해 고정되어 있다. '…냉장고에 있었다고/ 씻지도 않은 상추를 그냥 먹었단다/ 거참/ 눈으로 보면 모르겠냐?/ 그래도/ 아들이 그랬다는 거보다는/ 백번 낫다 (「삼식이」 중에서)' 라며 자신이 낮에 한 투덜거림에 대한 반성이 들어 있다. '동창회 다녀온 그녀가/ 자려다 말고// 참!/

낮에 점심은 어쨌어요?// 앗따~!/ 일찍도 물어보네/ 먹긴 먹었는데~// 가만있자// 뭘 먹었더라? (「정도의 차이」 전문)'라는 부부의 흔한 대화 속의 눅진한 사랑이 아무래도 박 시인의 시의 그물에 걸려있다.

우리에게 전생이 있었다면

아마도
난 여자가 아니었을 것이다
석수쟁이거나 목공이거나
돌담을 쌓거나 아궁이를 수리하거나
나무 의자를 만들었을 것이다

아마도 그는
내가 집터를 다져 구들을 놓을 때
모퉁이에 숨어서 지켜보던
복사꽃 같은
주인집의 아가씨였을 것이다

차마 말 못 하고
이승까지 따라와
이제야 나를 보듬으며
사랑한다고 말했을 것이다

나의 한쪽 눈과
한쪽 날개가 되었을 것이다

—「비익조」 전문

비익조는 암수가 각각 눈과 날개가 하나여서 늘 한 쌍이 되어 난다는 전설의 새다. 시 「비익조」에서 박 시인은 전생에 자신은 목수이거나 구들장 기술자였을 거라고 말하고, 남편은 집 짓거나 의자를 만드는 솜씨를 숨어서 바라보는 주인집 아가씨라 표현하다니 절묘하다. '…몸에서 먼 곳/ 발끝만 겨우 닿아 있어도/ 서로 갈 길을 알아// (중략) 그대가/ 감추고 있는 것이/ 나의 허물이려니// 그대와 나/ 서로 기대어 버팀이 된 나무(「그림자」 중에서)'라고, 아낌없는 애정을 보낸다.

자, 아들 키우는 엄마의 모습으로 박 시인의 일상을 들여다보자.

> 형이 돈 벌었다고
> 아빠 속옷을 사 왔다.
>
> 빨간색 하나
> 파란색 하나
> 팬티 두 장
>
> 흐엉~
> 우리 아빠
> 국가대표다
>
> —「국가대표」 전문

「국가대표」는 완전한 동시다. 동시 세계 속에서 국

가대표가 된 아빠는 우주의 중심이고, 엄마 또한 우주 중심의 중심이 된다. 하지만 세월은 어쩌랴. 시인 자신의 어린 시절에 대한 후회가 이미 이 세상을 떠난 부모에게 다 할 수 없는 안타까움으로 마무리되기도 하는 가운데, 그 아들의 동심도 자라나 어른의 세계로 든다. '…엄마에게서 벗어나고자 무지 애쓰지만/ 금방 또 다른 여인에게 매이리라 (「아들에게」 중에서)', '…이 옷이 어때서?/ 좀 낡기는 했어도 구멍 난 것도 아니고/ 작아진 것도 아닌데/ 이 옷도 반짝거리던 새 시절이 있었어 (「모두 다 거지」 중에서)'라며 좀 버리고 살라는 아이들과의 갈등이 시인의 어린 시절 너나 없던 가난의 연장선상에 아직 서 있음이 드러난다.

시인의 일상은 종횡무진이다. 시조부모님 제사까지 챙기면서 혼백을 위로하는 기특한 손주며느리의 역할에 스스로 감탄하기도 한다. 박 시인 자신의 손주들에게 잘해주시는 선생님을 보면서 때리고 면박 주던 선생님 시대까지를 대조해 보기도 한다. '단체로 벌을 주시고/ 다음날 아이들 한 명 한 명에게/ 장미꽃 한 송이를 주시며 다독이신 (「고자질」 중에서)' 손녀의 담임 선생님에 대한 회고는 어쩌면 더는 유효하지 않다. 선생님이 '우리도 오늘부터 노동자다'라고 선언한 순간 스승의 그림자도 밟지 않는다는 대의는 부서졌다. 아이 하나가 귀한 시대 '내 새끼 제일주의'의 명분은 철저한 대립 구도까지 교사들을 밀어붙이고, 쟁송(爭訟)의 대상으로 벼랑 끝까지 내모는 시대가 되고 말았다.

4. 더욱 깊어지는 영성과 관찰, 시심은 더 깊은 강물 되고

박 시인의 시선이 더 머무는 곳은 '홈 스위트 홈'의 울타리를 벗어나서도 여전히 가족의 연장선에 있다. 그렇다고 진부하거나 뻔한 이야기를 하지도 않는다. 자칫 시의 흐름을 놓치면 종점이 달라지고 만다. 시 「인연」도 그렇다.

어제
턱이 뾰족한 동해의 어른
도포 자락을 펄럭이며 영동장을 둘러 보고
우리 집에 와
하룻밤 묵었네

아침에
얼굴을 씻고 귀도 후비고
정갈한 우리 집 손님은
부지런도 하시지
일찍 떠나버렸네

오랜 옛적
그 손님의 할아버지가
우리 집에 왔을 때
우리 할머니
지금의 나처럼 수줍어하며
먼바다 소식에
정이 깊었지

충청도 산골 우리 집에
동해의 명태 양반
조용히
다녀가셨네

—「인연」 전문

도포 자락 펄럭이는 동해 어른이라니 두루마기 입고 오셨던 친척인가 하는 이미지가 떠오르지만, 영동장에서 사 온 동해 명태다. 시조부모 때부터 귀한 생선으로 밥상에 올랐던 명태를 대(代) 이은 귀한 길손으로 맞았다. 실은 동해의 명태는 씨가 말라 캄차카 북태평양 바다에서 회유하다 잡힌 러시아산 명태이지만 동해산이라고 쳐주자. 자신도 시집온 처지이니 할머니가 만났던 그 동해의 손님과 같고, 먼바다 소식 전해주고 떠났다는 시적 구성은 너무나 동화적이어서 귀하다.

시인의 눈은 이웃으로도 돌린다. 백내장 수술하고 온 노부부가 병원에서 준 봉투가 무슨 내용이냐고 묻자 '…"연애편지랴. 집에 가서 찬찬히 읽어 보드라고"(「처음이라서」 중에서)'라며 웃겨주는 할아버지의 위트를 포착한다. 오리 가족을 보고도 쉰이 다되어 늦둥이 아들을 본 이웃처럼 걱정하면서도 '…육 칠 팔 구 십 십일/ 추위가 올 때까지는 아직 여섯 달 (「오월이 다 갔는데」 중에서)'이나 남았다고 위로해 주기도 한다.

제4장에서 박 시인의 시 몇 편은 종교적 영성과 자연계 순환의 이치와 맞닿아 있어 웅숭깊다. 가정과 이웃의 테두리에서 전개한 시적 세계관과는 확연한 차이를 보인다.

나에게도
별빛을 꿈꾸던 한 시절이 있었지
벌도 나비도
내 초록 품에서
비바람을 피해 잠들기도 했었다네

붉은 꽃 피우던 풋풋한 시절과
크게 이루진 못했으나
열매를 익히며 열심히 살던 나날
매미로 울던 날보다
애벌레로 산 날이 길었다는 듯
나 또한
오랜 어둠의 여정보다
꽃잎의 날이 더 짧았느니

어느덧 겨울이 오고
혼신의 힘을 다해 밑불을 옮겨준 연탄재처럼
나 하얗게 사위어
다시 기름이 되리니

자두나무 밭둑에
작은 풀꽃 하나 반짝 피거든
배나무 곁가지에 주먹만 한 배 하나 익거든

그대
나인 줄 여기소서

—「두엄」 전문

이 시는 '두엄'이라는 희생적 존재를 통하여 뭍 생명들이 자라남을 표현한 것으로 일응 볼 수 있으나, 실은 더 깊은 사상적 배경이 들어있다. 겉으로는 어두운 두엄 속에서 밀어 올리는 생명력, 연탄이 검은 생명을 태워 겹겹이 밀어 올려 온기를 채우고, 연탄재가 되며, 애벌레로 산 매미의 긴 침잠의 시간이 서럽도록 우는 매미의 한철을 만든다는 섭리를 그냥 자연으로 말한 것이 아니다.

이는 물 건너 들어온 서학 사상이 '약육강식(弱肉强食)'으로 설명하는 자연계 이치로는 이해가 되지 않는 부분이다. 서학의 대칭에서 볼 때 동학은 이 세상 만물, 사람과 생물, 심지어 무생물마저 저마다의 기능과 위치가 있으매 '하늘'(동학, 천도교에서는 '한울'이라고 표현)이라고 본다.

모두가 하늘이니 단순히 '사람이 하늘이다(人乃天)'에 그치지 않고 우주 만물이 다 하늘 같은 존재다. 제각각 쓰임이 있다는 것이다. 따라서 만물의 태어남과 죽음의 연계 고리인 성쇠(盛衰)에는 '이천식천(以天食天)' 즉, '하늘로써 하늘을 먹는다'라는 철학적 명제가 성립한다는 것이 바로 동학의 근본에 깔린 이념이다. '하늘로써 하늘을 먹는다'라는 다소 모호한 듯한 개념은 다시 풀어 "하늘과 같은 세상의 모든 존재가 서로를 먹여주어 존재한다."라는 개념이다. 사람이 만물의 영장이란 오만함에서 소를 잡아먹고, 소가 풀을 잡아먹고, 풀이 땅의 기운을 잡아먹는 서양적 사고로는 순환이 설명이 안 된다. 사람은 소가 제 살을 베여 먹여주고, 소는 풀이 제 살로 먹여 살리고, 풀은 땅의 기운으로 먹여 살리니, 땅의 기운은 인간이 먹여 살려야 한다. 그래서 우리는 '흙으로 돌아간다'라는 말을 입버릇처럼 사용했고, '죽는다'의 존댓말이 '돌아가신다'로 자리매김했다. 다시 그 자리로 돌아가는 순환이 설명될 수 있는 배움의 근본이 동학의 기초다.

설명이 길어졌으나 의도하지 않았다 하더라도 반명숙 시인의 시의 깊이에는 '…거기에 가면// 어쩐지 오늘은// 그분을 만날 것만 같아요 (「성당 앞」 중에서)'처럼 종교의 구별을 하지 않는다. 충북선 열차를 타고 단양의 구인사를 찾아서는 '…제자리로 와/ 다시 돌아가는 경전통처럼/ (중략) 누구는 채우고/ 누구는 비우고 살아가지 (「밥값」 중에서)'라며 부처님 앞에서도 깨우침을 놓지 않는다. '누가 너에게 한/ 걸쩍지근한 일들은/ 용서라는 이름으로 떼어내 버리고(「#(반올림)」 중에서)'라며 포용을 주문하기도 하고, 나무 아래에 고양이가 눈 똥, 그 기운으로 주황색 배롱나무꽃이 피고, 고양이는 그 황홀한 꽃방석 위에 잠자며 다시 만난다는 순환을 '…사르르/ 코밑에 내려앉아/ 은인의 꿈속을 향기롭게 하네// "우리/ 이렇게 만나는군요”(「봄꿈」 중에서)’라고 말한다.

박 시인이 여행하며 쓴 시는 그리 많지 않다. 대중가요로도 최근에 널리 알려진 예천의 명소 회룡포를 다녀온 시 「회룡포에서」는 역시 회귀와 자연계의 순리가 읽히는 대목이 눈에 크게 들어온다.

예까지 오는 길이 그리도 멀었더라
그대에게 닿는 길도
이렇게 돌아
더디게 가느니

낙동강 물굽이
강토를 더듬어 가듯
오랜 기억들은 세월을 넘어
나를 적셔오네

고요히 휘돌다가
산의 옆구리를 힘차게 때리며
강이 한 번씩 휘청거렸듯
늘 한 발짝 멀어져 서 있던
그대도
무심한 듯 출렁였었지

저 강물
하세월 달려서
늘그막에
너른 바다 그 품에
수줍게 가 안기일지니

그저
앞서가는 강물을 따르며
우리 또한
부드럽게 등을 내맡겨야 하는 것을

—「회룡포에서」 전문

회룡포는 낙동강의 지류인 내성천이 마지막 낙동강으로 합류하기 전에 그야말로 굽이쳐 회절하는 명소다. 소월이 「엄마야 누나야」에서 강변 살자고 하며 입지 조건을 내걸었다. 내성천이야말로 뜰에는 반짝이는 금모래가 있고 뒷문 밖에 갈잎의 노랫소리가 들릴만한, 이 땅에서 거의 유일한 강이다. 산허리를 치며 돌아가야 하는 물길, 그 물돌이동은 하회마을의 낙동강 물굽이나 수안보 수회리의 달천 물굽이와는 구모와 형상이 달라 인간 회귀의 그림이 읽힌다. 앞서가는 강물의 등을 밀어주듯 오늘의 강물이 어제의 강물이 아니듯 그렇게 흘러가는 것이 인생이고 자연계의 순리라고 시인은 공감을 표현하고 있다.

박 시인의 시는 그저 시간이 무료해 쓰는 심심풀이의 시가 아니다. 시에 천착할수록 더 성찰과 시어 탐색 시간이 길어지고 깊어짐을 스스로 느껴감을 토로한다.

세상에는
생각이 다채로운 사람들이
넘쳐나
문학잡지에서는

다달이
글쟁이들이 태어나지

누가 그러라는 것도 아니었고
이것으로 밥을 벌어 먹고사는 것도 아닌데
나는 왜 숙제하듯 시를 쓰는 사람인 걸까?

나를 어둡게도 하고
깨우기도 하는 영원한 내 편
시는
사람을 열어주는 문

가을비가 저녁 강을 적시는데
나는 돌아갈 길을 잊는다

과연
나에게도
천형이란 말을 붙일 수 있을 것인가

—「천형」 전문

시인의 말대로 시가 넘쳐나고, 시인이 넘쳐나는 세상이다. 시가 밥이 되는 것도 아닐진대 저마다 시를 쓴다고 하고, 시집을 내는가. 자기 질문에 스스로 이미 알고 있는 해답으로 정리한다. 3연이 그 해답이다. '…나를 어둡게도 하고/ 깨우기도 하는 영원한 내 편/ 시는/ 사람을 열어주는 문 (「천형」 중에서)'이라고 명쾌한 답을 알고 있다. 시인은 '처음으로 시집을 내고/ 책 한 권을 내보낼 때마다// 그 사람이 책을 들고/ 시

한 편을 읽으면/ 어떤 느낌일까?'를 생각하고 '…닳은 콘크리트 골목 비탈에/ 어쩌다 굴러 내리던 빈 깡통의 외울음을/ 누군가 듣는 것처럼/ (중략) 나는/ 내 시집을// 골백번도 더 읽었다 (「나는 내 시를」 중에서)'

'나를 그에게 보내기 위해' 그를 생각하는 내 마음의 시를 쓰게 된다. 적어도 그는 나를, 나의 외로움을, 내 애환의 시간을 '그래 맞아, 그랬구나'로 공감해 주기를 바라면서 그의 이름을 첫 쪽에 정성 들여 쓰고 우표를 붙인다. 그러면서 시를 쓰지 못한 아침에는 조용히 좌정하고 자신의 시집을 골백번도 더 읽는다는 문학적 행위는 수행이자, 진정한 깨달음의 문을 열고자 하는 구도에 가깝다. 시의 문학적 완성이나 시 이론의 은유나 비유의 숲을 넘나드는 현란한 구도는 두 번째 문제다.

이리 시를 쓰고 시를 읽는 시업(詩業)을 박명숙 시인은 '천형(天刑)'이라 정의했다. 하늘이 내린 형벌을 스스로 기꺼이 짊어짐으로써 자기를 치유하고, 사람의 문을 여는 일이라 믿고 사는 시인의 자세가 앞으로도 몇 권의 시집을 더 잉태할지 자못 기대가 크다. 시로 천지의 시운이 끊임없이 변화하고 순환하는 일을 깨달은 내공은 이미 한 소식(消息)한 일이다. 다시 박명숙 시인의 제3시집 『가장 투명한 고백』의 산고를 축하하고 높이 산다.

문학세계대표작가선 1060

가장 투명한 고백

박명숙 시집

인쇄 1판 1쇄 2025년 10월 1일
발행 1판 1쇄 2025년 10월 11일

지 은 이 : 박명숙
펴 낸 이 : 김천우
펴 낸 곳 : **문학세계** 출판부 / 도서출판 **천우**
등 록 : 1992. 2. 15. 제1-1307호
주 소 : 서울시 광진구 구의강변로 85 강우빌딩 7F
전 화 : 02)2298-7661
팩 스 : 02)2298-7665
http://cafe.naver.com/chunwu777
E-mail : cw7661@naver.com

값 18,000원

ISBN 978-89-7954-967-6